Impressum
Verlag: BABADADA GmbH, Nedderfeld 112 , 22529 Hamburg
Geschäftsführer / Verlagsleitung: Harald Hof
Druck: Books on Demand GmbH, In de Tarpen 42, 22848 Norderstedt

Imprint
Publisher: BABADADA GmbH, Nedderfeld 112 , 22529 Hamburg, Germany
Managing Director / Publishing direction: Harald Hof
Print: Books on Demand GmbH, In de Tarpen 42, 22848 Norderstedt, Germany

school

Klassenstuuv
klaslokaal

delen
delen

186/2

Tafel
bord

Schoolhoff
schoolplein

Schoolmeester
leraar

Papeer
papier

schrieven
schrijven

Sticken
pen

Schrievdisch
bureau

Lienholt
lineaal

Book
boek

Schöler
leerling

Ranzel
schooltas

Feddermapp
etui

Bleesticken
potlood

Scharpmaker
puntenslijper

Radeergummi
gum

Tekenblock
schetsblok

Teken
....
tekening

Pinsel
....
penseel

Malkassen
....
verfdoos

Scheer
....
schaar

Klever
....
lijm

Heft to'n Öven
....
schrift

Huusopgaav
....
huiswerk

Tall
....
getal

tohooptellen
....
optellen

aftrecken
....
aftrekken

malnehmen
....
vermenigvuldigen

reken
....
rekenen

Bookstaav
....
letter

ABC
....
alfabet

Woort
....
woord

Text

tekst

lesen

lezen

Kried

krijt

Stunn

les

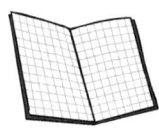

Klassenbook

klassenboek

Pröven

examen

Tüügnis

diploma

Schooluniform

schooluniform

Utbillen

opleiding

Nakieksel

encyclopedie

Universität

universiteit

Mikroskop

microscoop

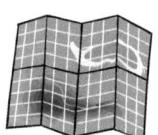

Koort

kaart

Papeerkorf

prullenmand

Törn
reis

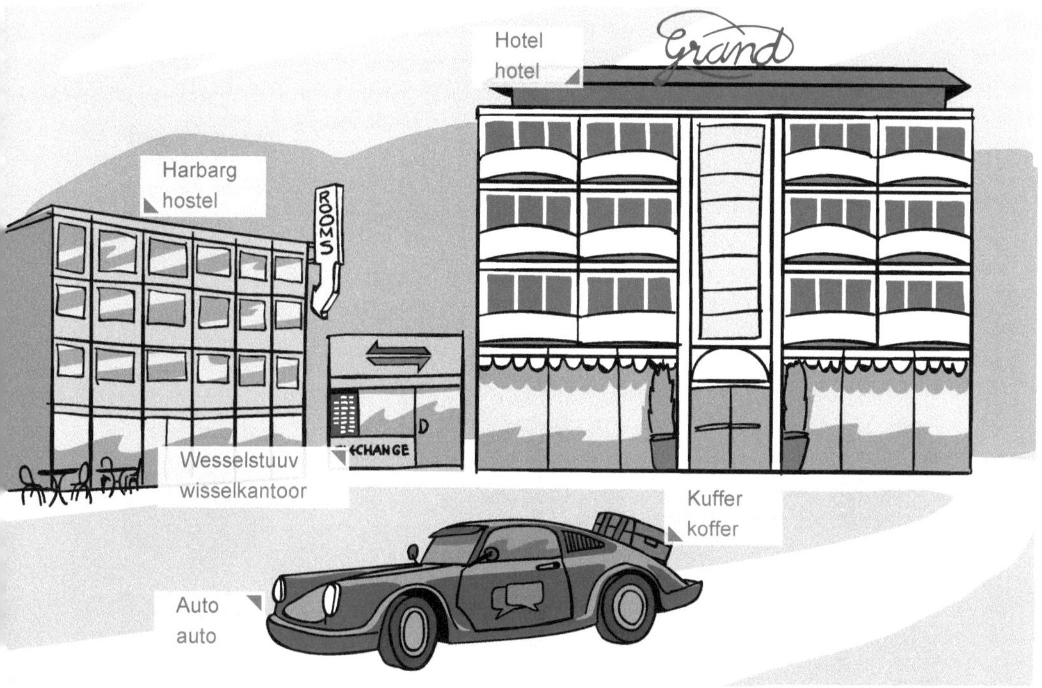

Hotel
hotel
Grand
Harbarg
hostel
ROOMS
Wesselstuuv
wisselkantoor
EXCHANGE
Kuffer
koffer
Auto
auto

Spraak

taal

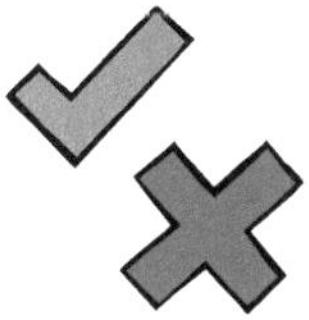

jo / ne

ja / nee

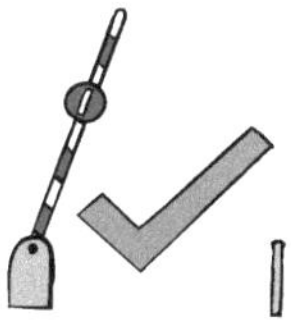

Jo

oké

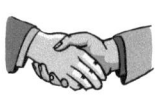

Moin

Hallo!

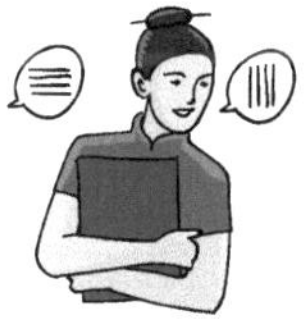

Översetter

tolk

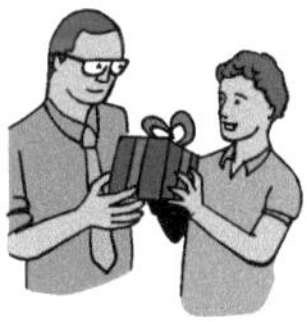

Dank ok

Bedankt.

Wat kost…?

Wat kost …?

Ik verstah nich

Ik begrijp het niet.

Problem

probleem

Goden Avend

Goedenavond!

Moin!

Goedemorgen!

Gode Nacht!

Goedenacht!

Tschüüs

Tot ziens!

Richt

richting

Bagaasch

bagage

Tasch

tas

Rüchsack

rugzak

Gast

gast

Stuuv

kamer

Slaapsack

slaapzak

Telt

tent

Touristeninformatschoon

VVV-kantoor

Strand

strand

Kreditkoort

creditkaart

Fröhstück

ontbijt

Meddageten

lunch

Avendeten

diner

Fohrkort

kaartje

Fohrstohl

lift

Breefmark

postzegel

Grenz

grens

Toll

douane

Bottschop

ambassade

Visum

visum

Pass

paspoort

Transport
transport

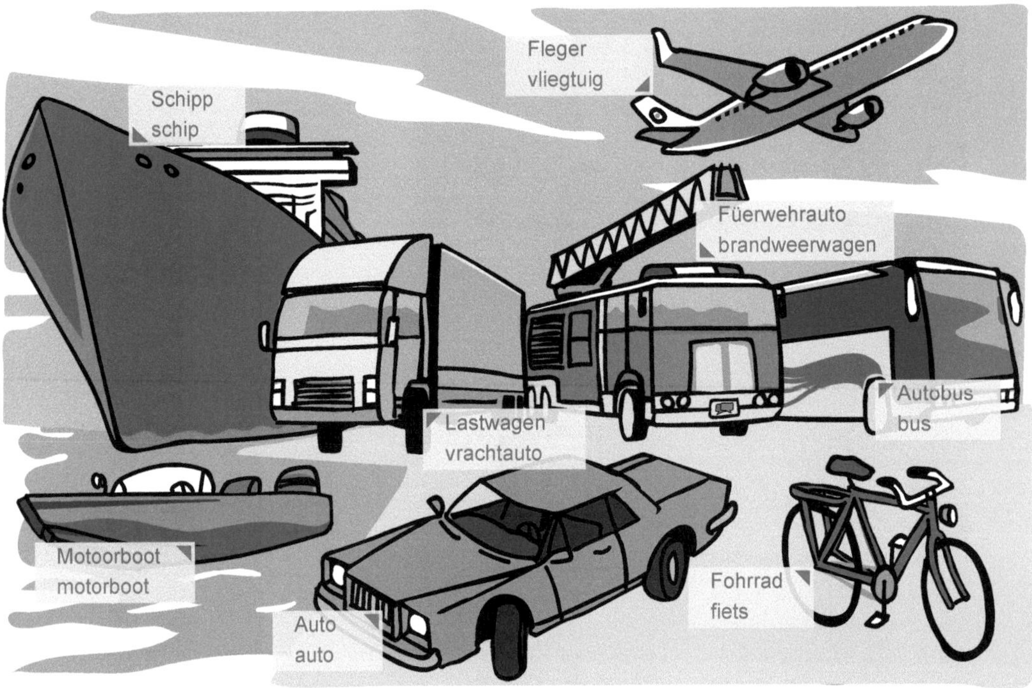
Fleger
vliegtuig
Schipp
schip
Füerwehrauto
brandweerwagen
Autobus
bus
Lastwagen
vrachtauto
Motoorboot
motorboot
Fohrrad
fiets
Auto
auto

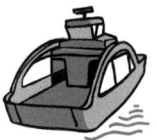

Fähr

veerboot

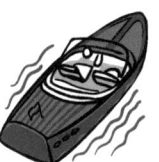

Boot

boot

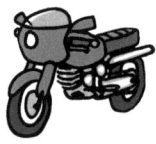

Motoorrad

motorfiets

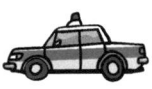

Polizeiauto

politiewagen

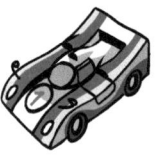

Rönnauto

raceauto

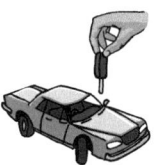

Lehnwagen

huurauto

Carsharing

carsharing

Afsleepwagen

takelwagen

Müllauto

vuilniswagen

Motoor

motor

Kraftstoff

benzine

Tanksteed

benzinepomp

Verkehrsschild

verkeersbord

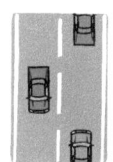

Verkehr

verkeer

Stau

file

Afstellplatz

parkeerplaats

Bahnhoff

station

Sporen

rails

Tog

trein

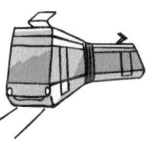

Stratenbahn

tram

Wagon

wagon

Dwarsmöhl

helikopter

Flooghaven

luchthaven

Tower

toren

Fohrgast

passagier

Grootkist

container

Karton

verhuisdoos

Koor

kar

Korf

mand

starten / lannen

opstijgen / landen

Stadt
stad

Dörp

dorp

Binnenstadt

stadscentrum

Huus

huis

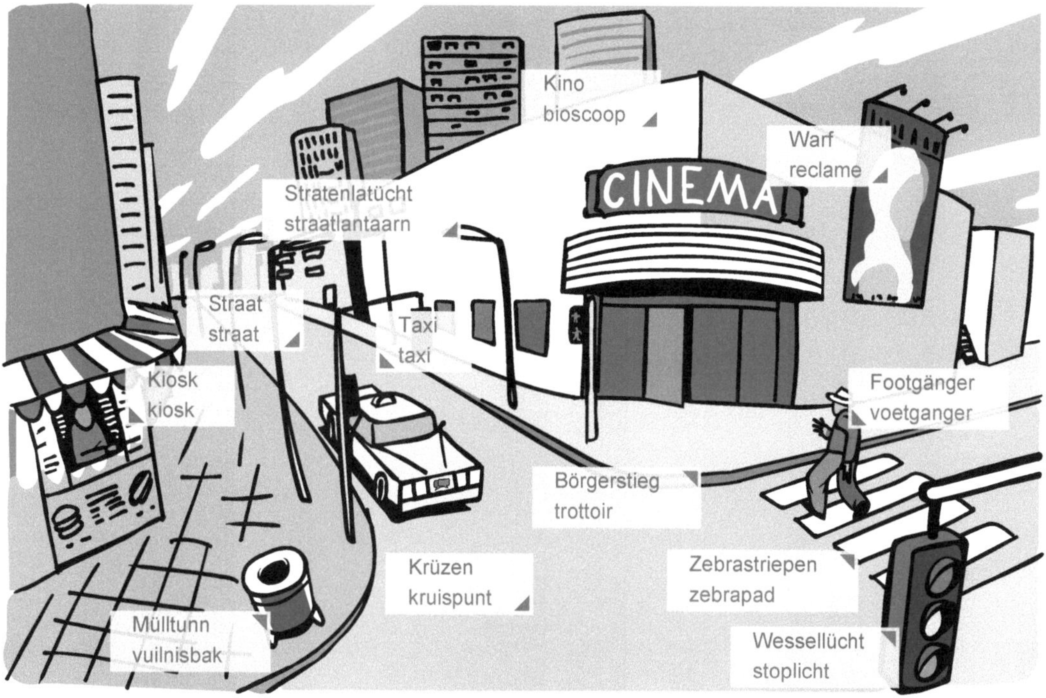

Kino
bioscoop

Warf
reclame

Stratenlatücht
straatlantaarn

Straat
straat

Taxi
taxi

Kiosk
kiosk

Footgänger
voetganger

Börgerstieg
trottoir

Krüzen
kruispunt

Zebrastriepen
zebrapad

Mülltunn
vuilnisbak

Wessellücht
stoplicht

Hütt
....
hut

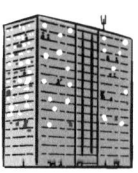

Wahnung
....
appartement

Bahnhoff
....
station

Raathuus
....
stadhuis

Museum
....
museum

School
....
school

Universität

universiteit

Bank

bank

Krankenhuus

ziekenhuis

Hotel

hotel

Afteek

apotheek

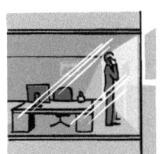

Büro

kantoor

Bookhökerie

boekenwinkel

Hökerie

winkel

Blomenhökerie

bloemenwinkel

Supermarkt

supermarkt

Markt

markt

Koophuus

warenhuis

Fischhökerie

visboer

Inkoopszentrum

winkelcentrum

Haven

haven

Parkanlaag

park

Bank

bank

Brüch

brug

Trepp

trap

Ünnergrundbahn

metro

Tunnel

tunnel

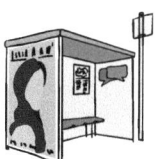

Busstoppsteed

bushalte

Bar

bar

Spieslokal

restaurant

Breefkassen

brievenbus

Stratenschild

straatnaambord

Parkklock

parkeermeter

Deertenpark

dierentuin

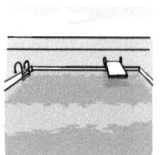

Baadanstalt

zwembad

Moschee

moskee

Buernhoff

boerderij

Ümweltversmudden

vervuiling

Karkhoff

begraafplaats

Kark

kerk

Speelplatz

speelplaats

Tempel

tempel

Landschop
landschap

Blatt
blad

Wiespahl
wegwijzer

Weg
weg

Wisch
weide

Steen
steen

Boom
boom

Wannerer
wandelaar

Fluss
rivier

Gras
gras

Bloom
bloem

Daal

vallei

Barg

berg

See

meer

Holt

bos

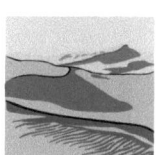

Wööst

woestijn

Füerspien Barg

vulkaan

Slott

kasteel

Regenbagen

regenboog

Poggenstohl

paddenstoel

Palm

palmboom

Steekmück

mug

Fleeg

vlieg

Miegeemk

mier

Imm

bij

Spinn

spin

Sebber

kever

Pogg

kikker

Katteker

eekhoorn

Swienegel

egel

Haas

haas

Uul

uil

Vagel

vogel

Swaan

zwaan

Wildswien

wild zwijn

Hirsch

hert

Elk

eland

Staudamm

stuwdam

Windrad

windmolen

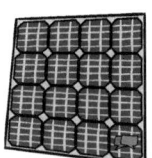

Solarmodul

zonnepaneel

Klima

klimaat

Spieslokal
restaurant

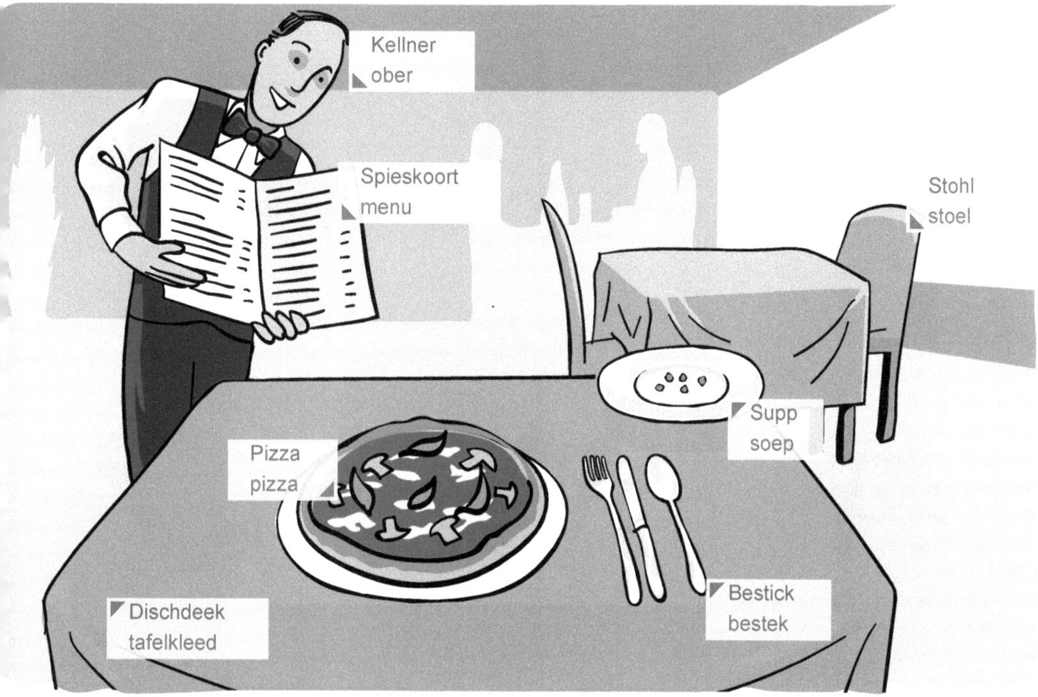
Kellner
ober
Spieskoort
menu
Stohl
stoel
Supp
soep
Pizza
pizza
Bestick
bestek
Dischdeek
tafelkleed

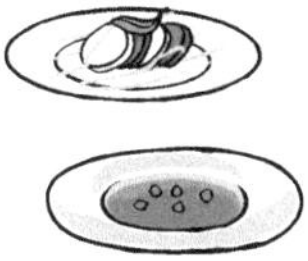

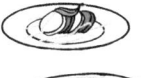

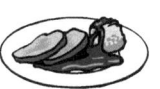

Vörspies

voorgerecht

Haupteten

hoofdgerecht

Nadisch

toetje

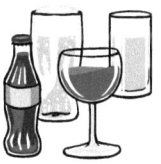

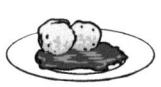

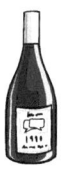

Drünk

dranken

Eten

eten

Buddel

fles

Fastfood

fastfood

Strateneten

eetkraampje

Teekann

theepot

Zuckerdoos

suikerpot

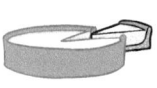

Portschoon

portie

Espressomaschien

espressomachine

Hoochstohl

kinderstoel

Reken

rekening

Tablett

dienblad

Mess

mes

Gavel

vork

Lepel

lepel

Teelepel

theelepel

Munddook

servet

Glas

glas

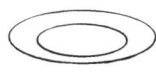

Töller

bord

Suppentöller

soepbord

Ünnertass

schotel

Sooß

saus

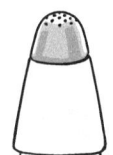

Soltstreuer

zoutvaatje

Pepermöhl

pepermolen

Etig

azijn

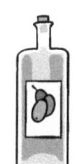

Ööl

olie

Krüder

kruiden

Ketchup

ketchup

Mostrich

mosterd

Mayonnaise

mayonaise

Supermarkt
supermarkt

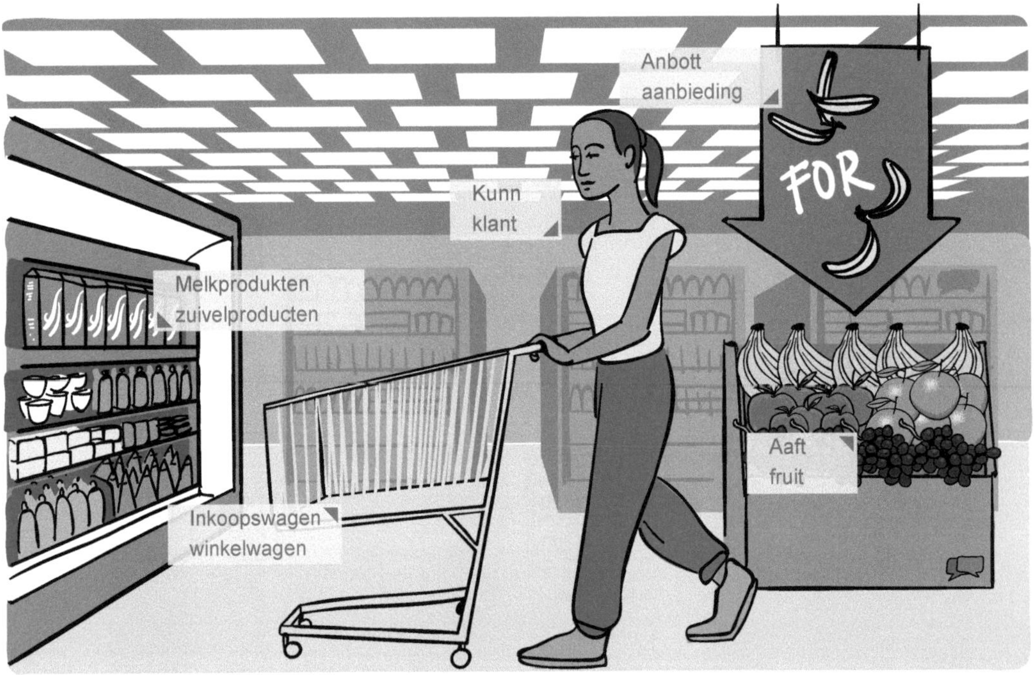
Anbott
aanbieding
FOR
Kunn
klant
Melkprodukten
zuivelproducten
Aaft
fruit
Inkoopswagen
winkelwagen

BUTCHERS

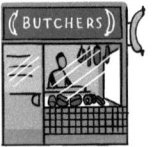

Slachterie

slager

BAKERY

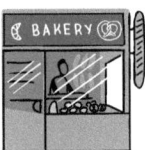

Bäckerie

bakkerij

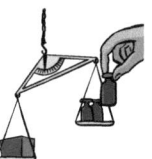

wegen

wegen

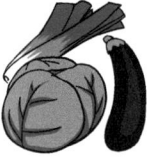

Gröönsaken

groente

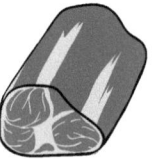

Fleesch

vlees

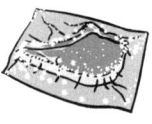

Deepköhlkost

diepvriesproducten

Opsnitt

vleeswaren

Konserven

conserven

Waschmiddel

wasmiddel

Snoopkraam

snoepgoed

Huushooltssaken

huishoudelijke artikelen

Reinmaaktüüch

schoonmaakmiddel

Verköpersche

verkoopster

Kass

kassa

Kasserer

kassier

Inkoopslist

boodschappenlijstje

Opsparrtieden

openingstijden

Breeftasch

portefeuille

Kreditkoort

creditkaart

Tasch

tas

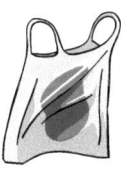

Plastiktüüt

plastic zak

Drünk
dranken

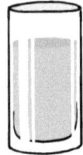

Water

water

Saft

sap

Melk

melk

Cola

cola

Wien

wijn

Beer

bier

Spriet

alcohol

Kakao

chocolademelk

Tee

thee

Koffie

koffie

Espresso

espresso

Cappucino

cappuccino

Banaan

banaan

Appel

appel

Appelsien

sinaasappel

Meloon

watermeloen

Zitroon

citroen

Wöttel

wortel

Knuuvlook

knoflook

Bambus

bamboe

Zibbel

ui

Poggenstohl

paddenstoel

Nööt

noten

Nudeln

pasta

Spaghetti

spaghetti

Ries

rijst

Salat

salade

Pommes frites

friet

Braadkantüffeln

gebakken aardappelen

Pizza

pizza

Hamborger

hamburger

Sandwich

sandwich

Snitzel

schnitzel

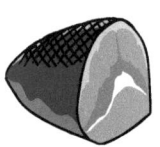

Schinken

ham

Salami

salami

Wust

worst

Hohn

kip

Braden

gebraad

Fisch

vis

Haverflocken

havermout

Müsli

muesli

Cornflakes

cornflakes

Mehl

meel

Croissant

croissant

Rundstück

broodjes

Broot

brood

Toast

toast

Keksen

koekjes

Botter

boter

Quark

kwark

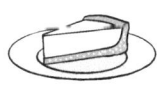

Koken

taart

Ei

ei

Spegelei

gebakken ei

Kees

kaas

Eten - eten

Ies
ijs

Zucker
suiker

Honnig
honing

Marmelaad
jam

Nougat-Creme
chocoladepasta

Curry
kerrie

Buernhoff
boerderij

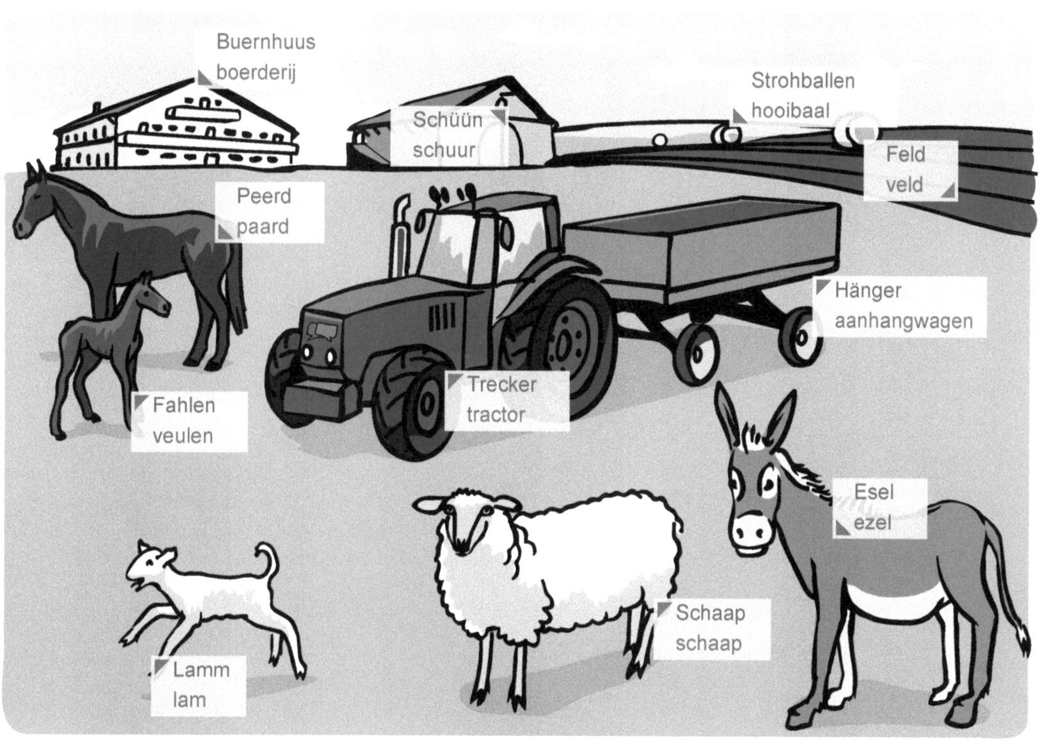
Buernhuus
boerderij
Schüün
schuur
Strohballen
hooibaal
Feld
veld
Peerd
paard
Hänger
aanhangwagen
Trecker
tractor
Fahlen
veulen
Esel
ezel
Schaap
schaap
Lamm
lam

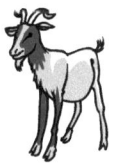

Zeeg

geit

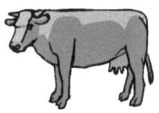

Koh

koe

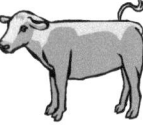

Kalf

kalf

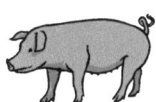

Swien

varken

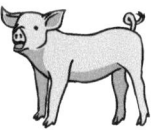

Farken

big

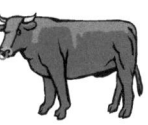

Bull

stier

Goos

gans

Aant

eend

Küken

kuiken

Hohn

kip

Hahn

haan

Rott

rat

Katt

kat

Muus

muis

Oss

os

Hund

hond

Hunnenhütt

hondenhok

Goornslauch

tuinslang

Geetkann

gieter

Lee

zeis

Ploog

ploeg

Sich

sikkel

Hack

schoffel

Mestfork

hooivork

Ext

bijl

Schuufkoor

kruiwagen

Trog

trog

Melkkann

melkbus

Sack

zak

Tuun

hek

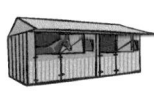

Stall

stal

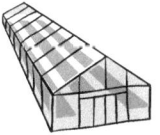

Drievhuus

broeikas

Bodden

grond

Saat

zaad

Dünger

mest

Meihdöscher

maaidorser

oornen
oogsten

Oorn
oogst

Yamswöttel
yam

Weten
tarwe

Soja
soja

Kantüffel
aardappel

Törksche Weten
maïs

Rapp
koolzaad

Aaftboom
fruitboom

Troopsch Kantüffel
maniok

Koorn
granen

Huus
huis

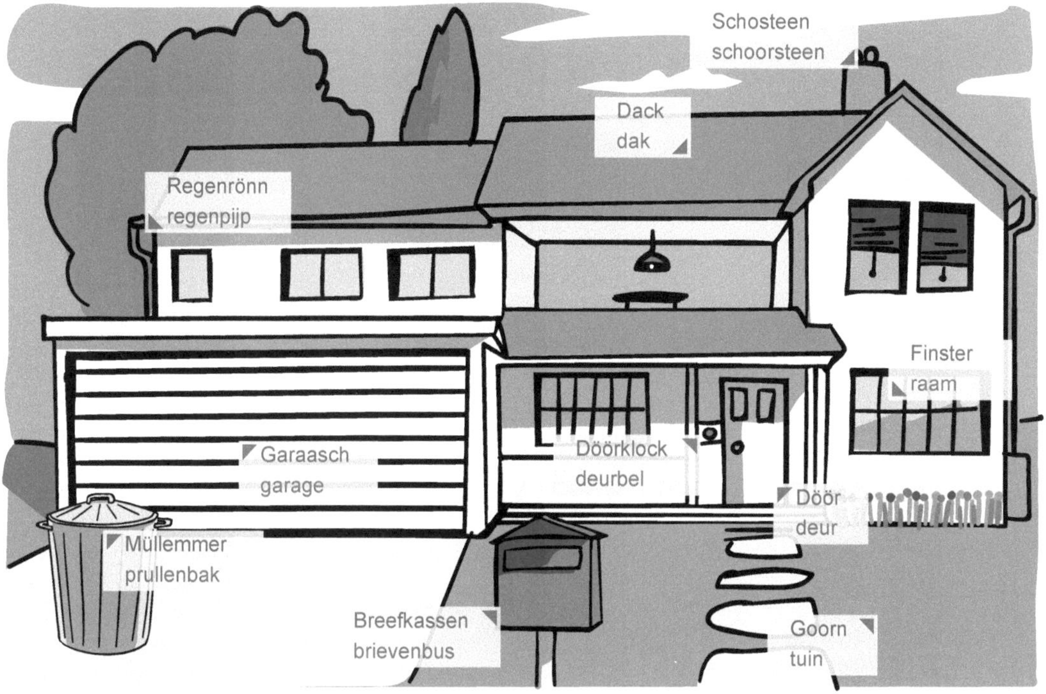

Schosteen
schoorsteen
Dack
dak
Regenrönn
regenpijp
Finster
raam
Garaasch
garage
Döörklock
deurbel
Döör
deur
Müllemmer
prullenbak
Breefkassen
brievenbus
Goorn
tuin

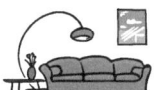

Wahnstuuv
woonkamer

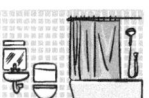

Baadstuuv
badkamer

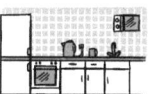

Köök
keuken

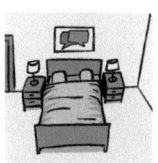

Slaapstuuv
slaapkamer

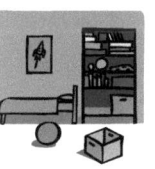

Kinnerstuuv
kinderkamer

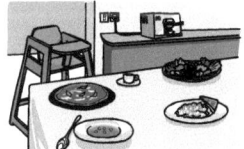

Eetstuuv
eetkamer

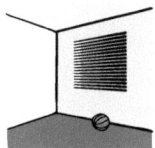

Footbodden
vloer

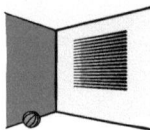

Wand
muur

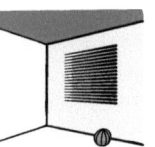

Deek
plafond

Keller
kelder

Hittluftbad
sauna

Balkon
balkon

Terrass
terras

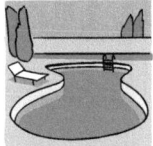

Swümmbad
zwembad

Rasenmeiher
grasmaaier

Bettbetog
laken

Bettdeek
bedsprei

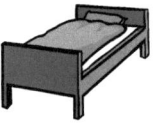

Puuch
bed

Bessen
bezem

Emmer
emmer

Schalter
schakelaar

Wahnstuuv

woonkamer

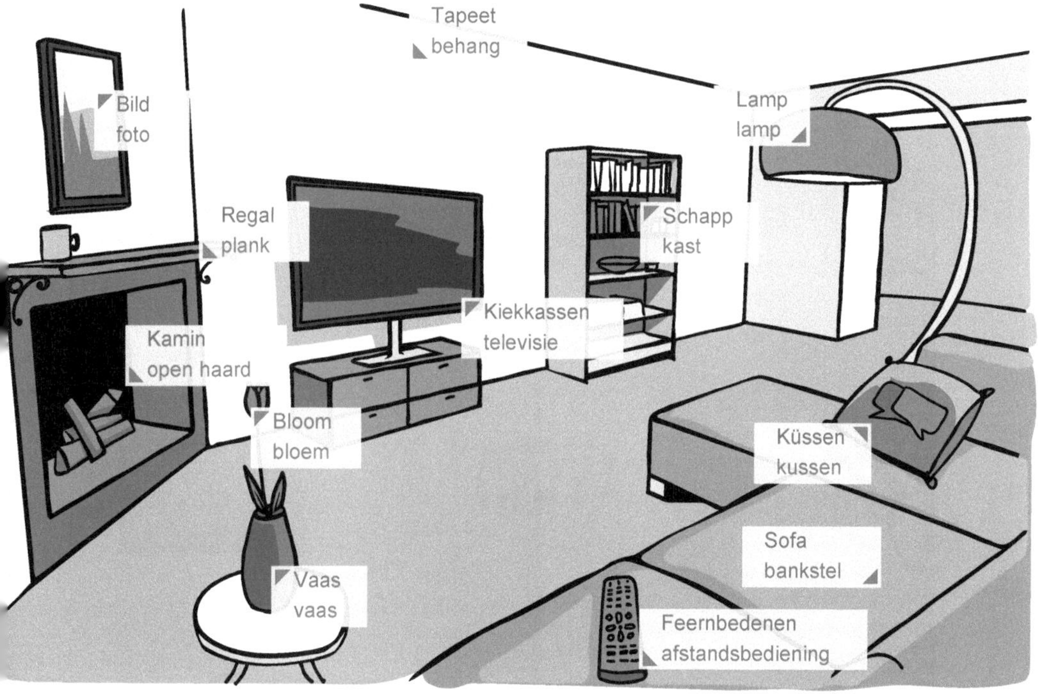

Tapeet
behang
Bild
foto
Lamp
lamp
Regal
plank
Schapp
kast
Kiekkassen
televisie
Kamin
open haard
Bloom
bloem
Küssen
kussen
Sofa
bankstel
Vaas
vaas
Feernbedenen
afstandsbediening

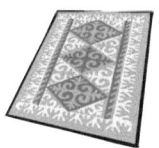

Teppich

tapijt

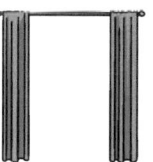

Vörhang

gordijn

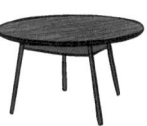

Disch

tafel

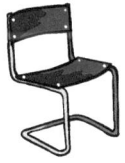

Stohl

stoel

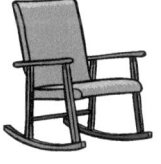

Schuckelstohl

schommelstoel

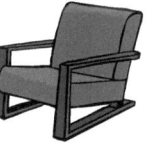

Sessel

stoel

Book
....
boek

Deek
....
deken

Dekoratschoon
....
decoratie

Füerholt
....
brandhout

Film
....
film

Stereoanlaag
....
stereo-installatie

Slötel
....
sleutel

Narichtenblatt
....
krant

Gemälde
....
schilderij

Poster
....
poster

Radio
....
radio

Opschrievblock
....
kladblok

Huulbessen
....
stofzuiger

Kaktus
....
cactus

Kars
....
kaars

Köök
keuken

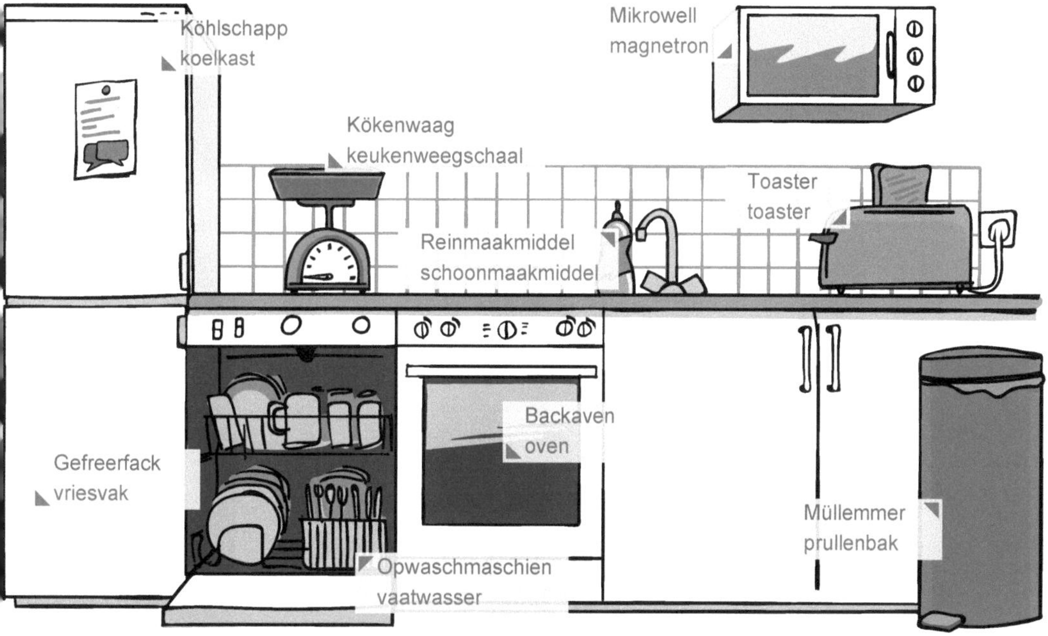

Köhlschapp
koelkast
Mikrowell
magnetron
Kökenwaag
keukenweegschaal
Toaster
toaster
Reinmaakmiddel
schoonmaakmiddel
Backaven
oven
Gefreerfack
vriesvak
Müllemmer
prullenbak
Opwaschmaschien
vaatwasser

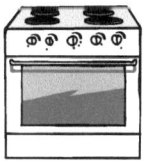

Heerd
....
fornuis

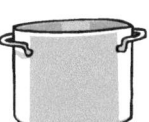

Pott
....
pan

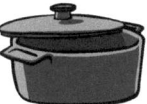

Gussiesern Putt
....
gietijzeren pan

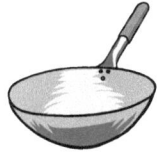

Wok / Kadai
....
wok / kadai

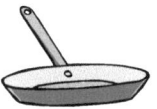

Pann
....
koekenpan

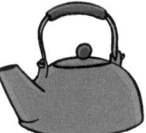

Waterkaker
....
ketel

Dampkaakputt

stoomkoker

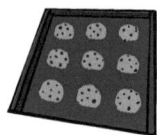

Backblick

bakplaat

Geschirr

servies

Beker

beker

Schaal

kom

Eetsticken

eetstokjes

Suppenkell

soeplepel

Pannenwenner

spatel

Sneebessen

garde

Kaakseef

vergiet

Seef

zeef

Riev

rasp

Mörser

vijzel

Grill

barbecue

Füerstell

vuurhaard

Sniedbrett

snijplank

Nudelholt

deegroller

Proppentrecker

kurkentrekker

Doos

blik

Dosenaapner

blikopener

Pottlappen

pannenlap

Waschbecken

wasbak

Böst

borstel

Swamm

spons

Mixer

blender

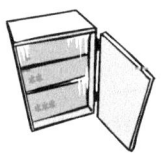

lesschapp

vriezer

Nuckelbuddel

babyflesje

Waterhahn

kraan

Baadstuuv

badkamer

Heizung
verwarming
Handdook
handdoek
Bruus
douche
Bruusvörhang
douchegordijn
Schuumbad
bubbelbad
Baadwann
bad
Glas
glas
Waschmaschien
wasmachine
Waterhahn
kraan
Fliesen
tegels
lütte Putt
potje
Waschbecken
wasbak

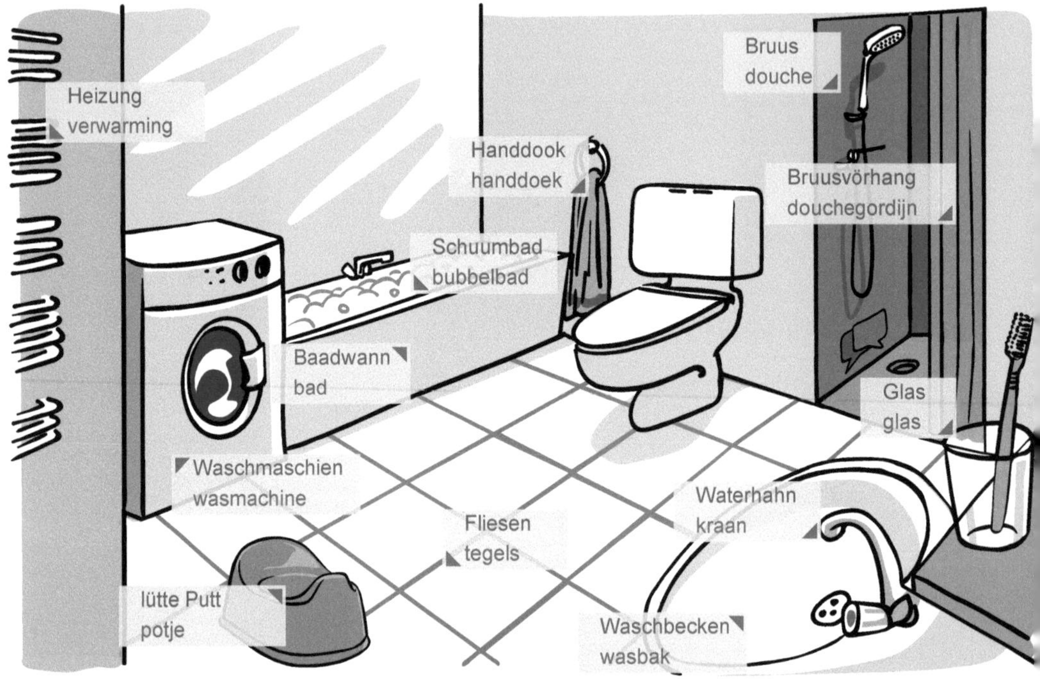

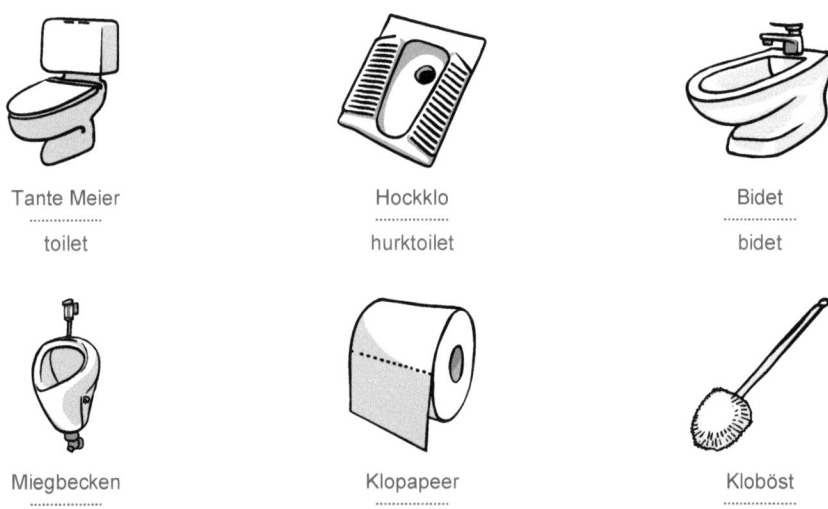

Tante Meier

toilet

Hockklo

hurktoilet

Bidet

bidet

Miegbecken

urinoir

Klopapeer

toiletpapier

Kloböst

toiletborstel

Tähnböst

tandenborstel

Tähnpast

tandpasta

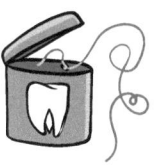

Tähnsied

flosdraad

waschen

wassen

Handbruus

handdouche

Intimbruus

toiletdouche

Waschschöttel

waskom

Rüchböst

rugborstel

Seep

zeep

Bruusgeel

douchegel

Hoorwaschmiddel

shampoo

Waschlappen

washanje

Afloop

afvoer

Creme

creme

Deodorant

deodorant

Spegel

spiegel

Kosmetikspegel

make-upspiegel

Raserer

scheermes

Raseerschuum

scheerschuim

Raseerwater

aftershave

Kamm

kam

Böst

borstel

Hoordröger

haardroger

Hoorspray

haarspray

Smink

make-up

Lippensticken

lippenstift

Nagellack

nagellak

Watt

watten

Nagelscheer

nagelschaartje

Rüükwater

parfum

Kulturbüdel

toilettas

Schemel

kruk

Waag

weegschaal

Baadmantel

badjas

Gummihanschen

rubber handschoenen

Tampon

tampon

Damenbinn

maandverband

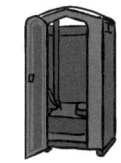

Chemieklo

chemisch toilet

Kinnerstuuv
kinderkamer

Wecker
wekker
Knudeldeert
knuffeldier
Speeltüüchauto
speelgoedauto
Klöter
rammelaar
Poppenhuus
poppenhuis
Geschenk
cadeau

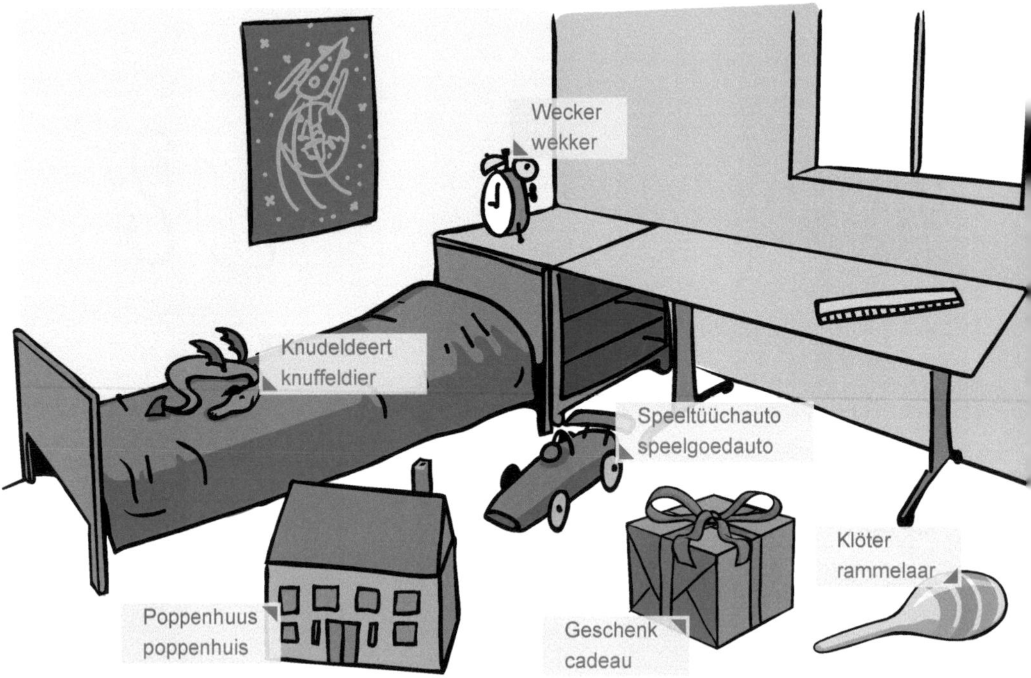

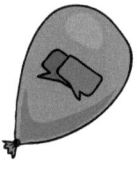

Luftballon

ballon

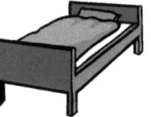

Puuch

bed

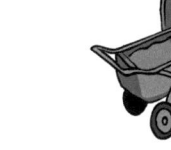

Kinnerwagen

kinderwagen

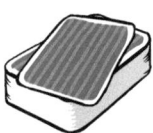

Koortenspeel

kaartspel

Puzzle

puzzel

SUPER
MEGA

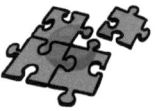

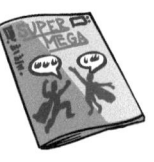

Billergeschicht

stripverhaal

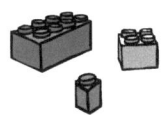

Legostenen

legostenen

Bustenen

speelgoedblokken

Action-Figur

actiefiguurtje

Strampelantog

romper

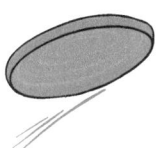

Frisbeeschiev

frisbee

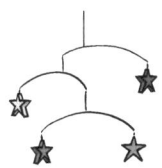

Mobile

mobile

Brettspeel

bordspel

Wörpel

dobbelsteen

Modelliesenbahn

modeltrein

Snuller

speen

Party

feestje

Billerbook

prentenboek

Ball

bal

Popp

pop

spelen

spelen

Sandkassen

zandbak

Schuckel

schommel

Speeltüüch

speelgoed

Speelkonsool

spelcomputer

Dreerad

driewieler

Teddyboor

teddybeer

Klederschapp

kleerkast

Tüüch

kleding

Socken

sokken

Strümp

kousen

Strumpbüx

panty

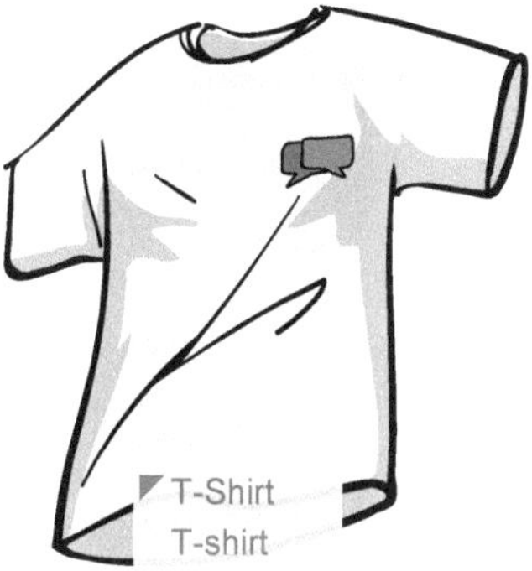

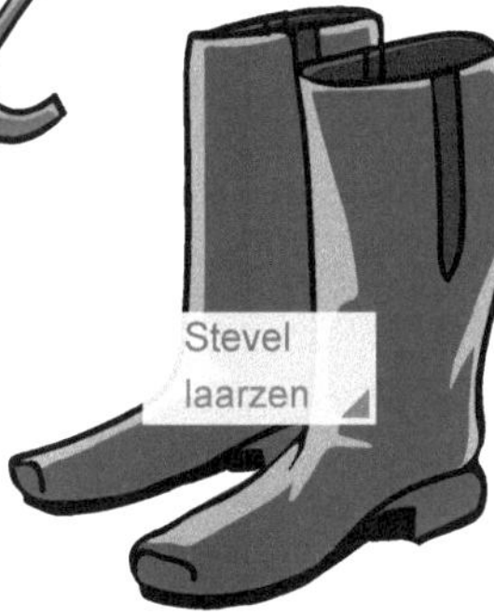

Halsdook
sjaal

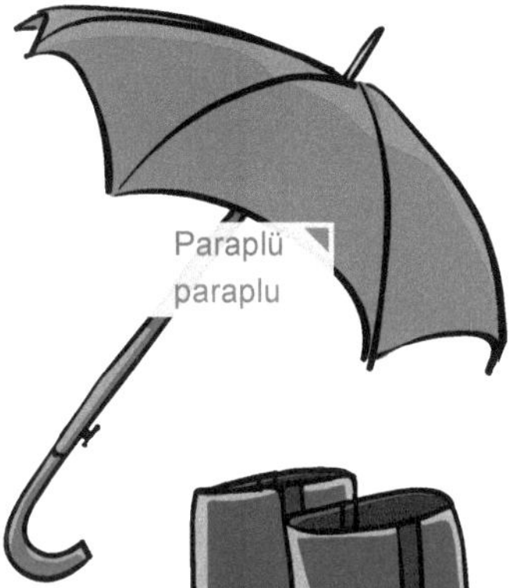

Liefreem
riem

Paraplü
paraplu

T-Shirt
T-shirt

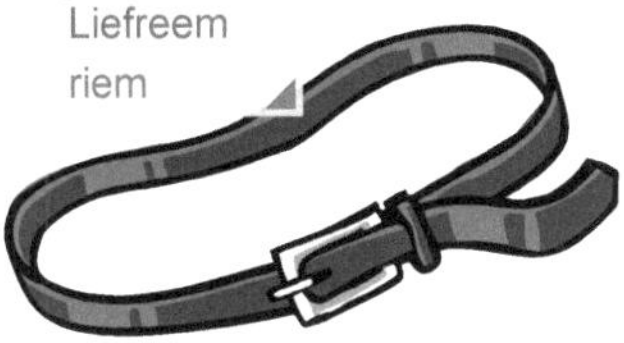

Turnschoh
sportschoenen

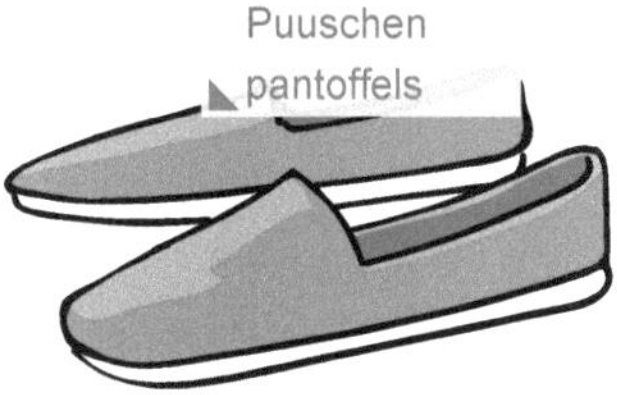

Stevel
laarzen

Puuschen
pantoffels

Sandalen
....
sandalen

Schoh
....
schoenen

Gummistevel
....
rubberlaarzen

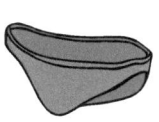

Ünnerbüx
....
onderbroek

Bostholler
....
beha

Ünnerhemd
....
onderhemd

Lief

body

Büx

broek

Jeansnüx

spijkerbroek

Rock

rok

Bluus

blouse

Hemd

overhemd

Pullover

trui

Kapuzenpullover

hoody

Blazer

blazer

Jack

jas

Mantel

mantel

Övertrecker

regenjas

Kostüm

kostuum

Kleed

jurk

Hochtietskleed

trouwjurk

Antog
pak

Nachtkleed
nachthemd

Slaapantog
pyjama

Sari
sari

Koppdook
hoofddoek

Turban
tulband

Burka
boerka

Kaftan
kaftan

Abaya
abaja

Baadantog
zwempak

Baadbüx
zwembroek

Korte Büx
korte broek

Antog to'n Öven
trainingspak

Schört
schort

Handschoh
handschoenen

Knopp

knoop

Brill

bril

Armband

armband

Halskeed

ketting

Ring

ring

Ohrbummel

oorbel

Mütz

pet

Klederbögel

kledinghanger

Hoot

hoed

Binner

stropdas

Rietslüter

rits

Helm

helm

Drachtband

bretels

Schooluniform

schooluniform

Uniform

uniform

Severböten
....
slabbetje

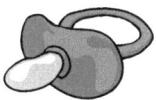

Snuller
....
speen

Winnel
....
luier

Büro

kantoor

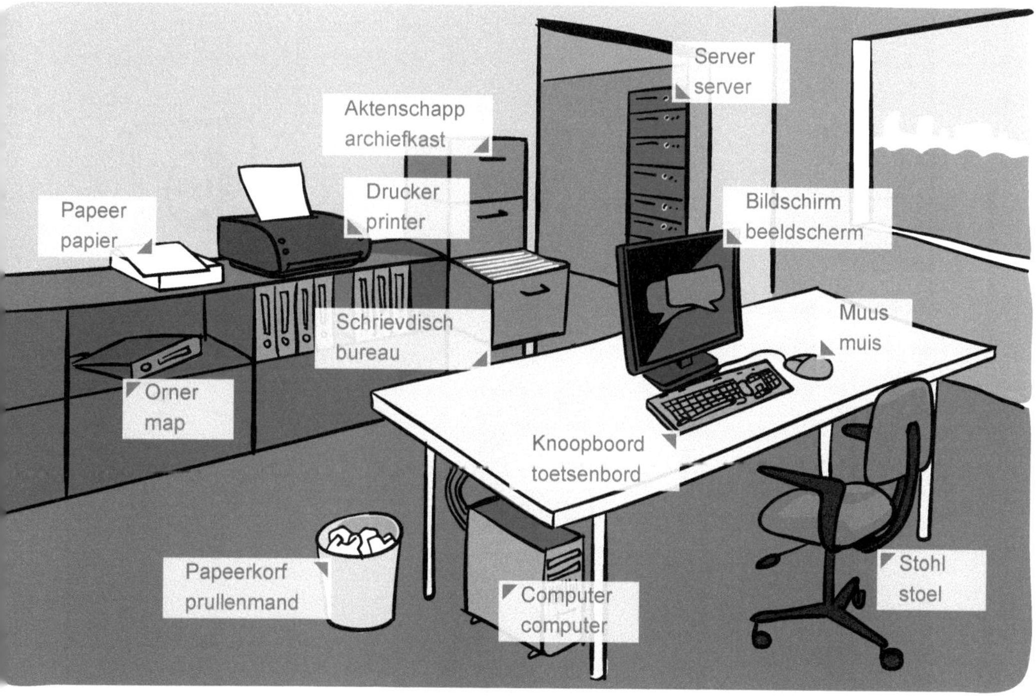

Server
server

Aktenschapp
archiefkast

Drucker
printer

Papeer
papier

Bildschirm
beeldscherm

Schrievdisch
bureau

Muus
muis

Orner
map

Knoopboord
toetsenbord

Papeerkorf
prullenmand

Stohl
stoel

Computer
computer

Koffiebeker
....
koffiemok

Taschenreekner
....
rekenmachine

Internet
....
internet

Klappreekner

laptop

Breef

brief

Naricht

bericht

Ackersnacker

mobiele telefoon

Nettwark

netwerk

Kopeerapparat

kopieermachine

Software

software

Klöönkassen

telefoon

Steekdoos

stopcontact

Faxapparat

fax

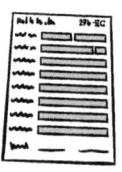

Formulor

formulier

Dokument

document

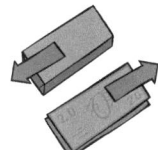

köpen
....
kopen

betahlen
....
betalen

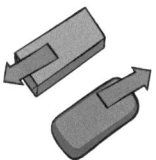

hanneln
....
handel drijven

Geld
....
geld

Dollar
....
dollar

Euro
....
euro

Yen
....
yen

Ruvel
....
roebel

Swiezer Franken
....
Zwitserse frank

Renminbi Yuan
....
renminbi yuan

Rupie
....
roepie

Geldautomat
....
geldautomaat

Wesselstuuv

wisselkantoor

Gold

goud

Sülver

zilver

Ööl

olie

Energie

energie

Pries

prijs

Verdrag

contract

Stüer

belasting

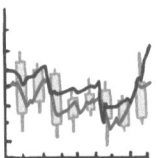

Andeelschien

aandeel

arbeiden

werken

Anstellte

werknemer

Arbeitgever

werkgever

Fabrik

fabriek

Hökerie

winkel

Profeschonen
beroepen

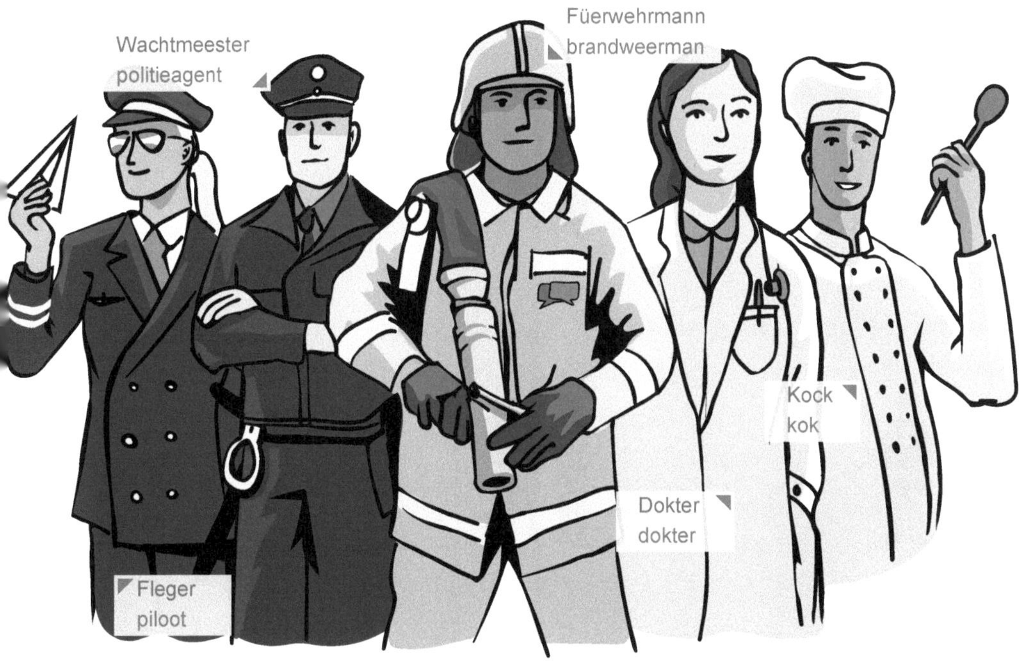
Wachtmeester
politieagent
Füerwehrmann
brandweerman
Kock
kok
Dokter
dokter
Fleger
piloot

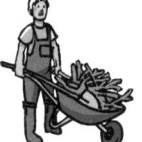

Goorner
tuinman

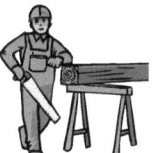

Discher
timmerman

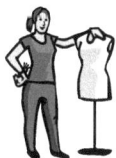

Neihersche
naaister

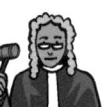

Richter
rechter

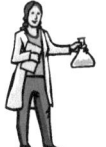

Chemiker
scheikundige

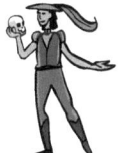

Schauspeler
toneelspeler

Busfohrer

buschauffeur

Taxifohrer

taxichauffeur

Fischer

visser

Reinmaakfru

schoonmaakster

Dackdecker

dakdekker

Kellner

ober

Jäger

jager

Maler

schilder

Bäcker

bakker

Elektriker

elektricien

Buarbeider

bouwvakker

Ingenieur

ingenieur

Slachter

slager

Klempner

loodgieter

Postbüdel

postbode

Suldat

soldaat

Architekt

architect

Kasserer

kassier

Florist

bloemist

Putzbüdel

kapper

Schaffner

conducteur

Mechaniker

monteur

Kaptein

kapitein

Tähndokter

tandarts

Wetenschopler

wetenschapper

Rabbi

rabbi

Imam

imam

Mönk

monnik

Paap

pastoor

Warktüüch
gereedschap

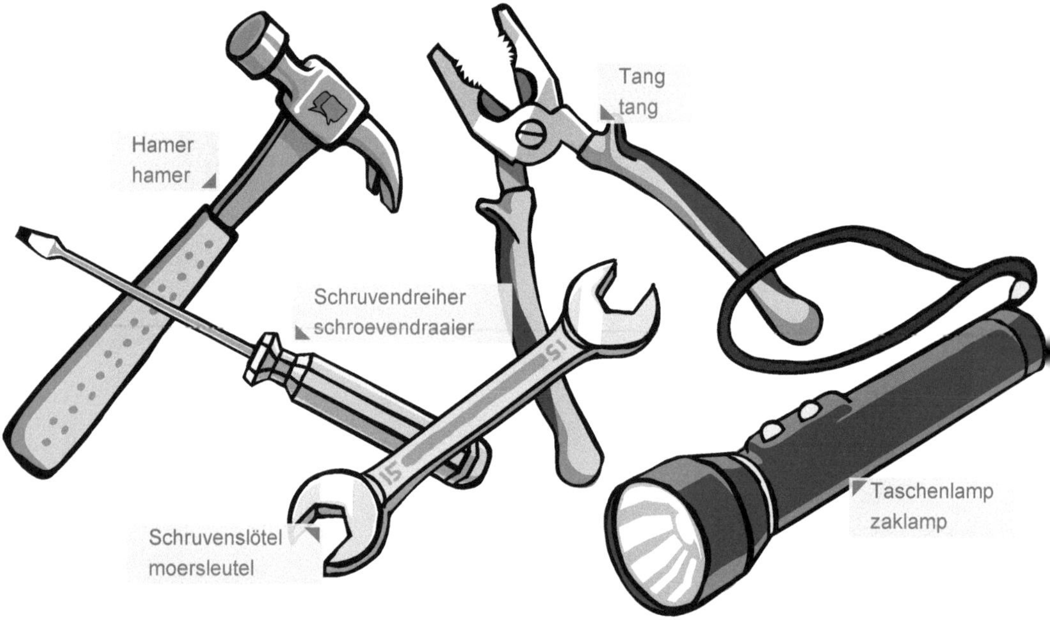
Tang
tang
Hamer
hamer
Schruvendreiher
schroevendraaier
Taschenlamp
zaklamp
Schruvenslötel
moersleutel

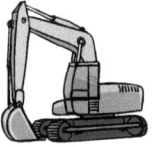

Grieper

graafmachine

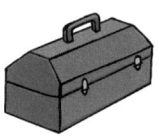

Warktüüchkassen

gereedschapskist

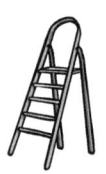

Ledder

ladder

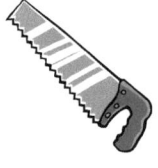

Saag

zaag

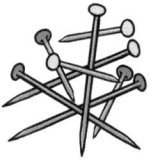

Nagels

spijkers

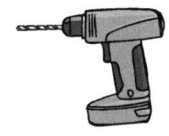

Bohrer

boor

heelmaken

repareren

Schüffel

schep

Schiet!

Verdorie!

Kehrblick

stofblik

Farvpott

verfpot

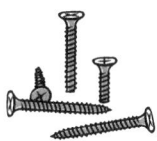

Schruven

schroeven

Musikinstrumenten
muziekinstrumenten

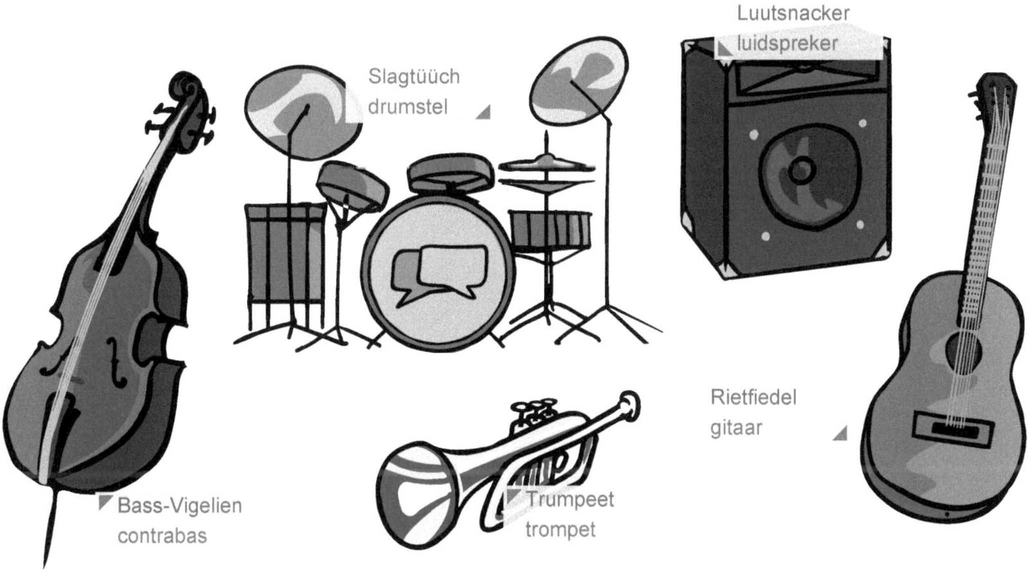

Luutsnacker
luidspreker

Slagtüüch
drumstel

Bass-Vigelien
contrabas

Trumpeet
trompet

Rietfiedel
gitaar

Klaveer

piano

Vigelien

viool

Bass

bas

Pauk

pauk

Trummeln

trommel

Keyboard

keyboard

Saxophon

saxofoon

Fleut

fluit

Mikrofoon

microfoon

Deertenpark
dierentuin

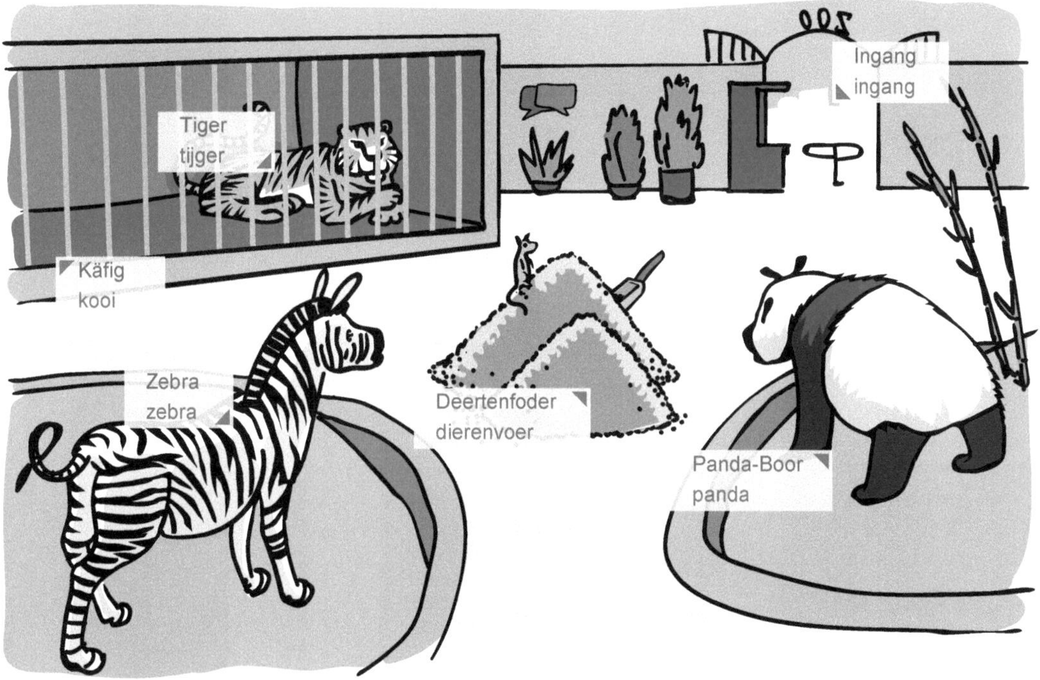

Ingang
ingang
Tiger
tijger
Käfig
kooi
Zebra
zebra
Deertenfoder
dierenvoer
Panda-Boor
panda

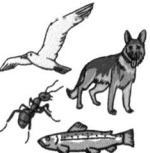

Deerten

dieren

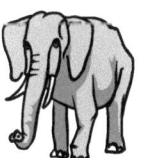

Elefant

olifant

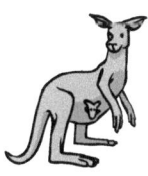

Känguru

kangoeroe

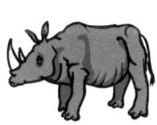

Neeshoorn

neushoorn

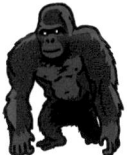

Gorilla

gorilla

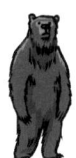

Boor

beer

Kameel

kameel

Struuß

struisvogel

Lööv

leeuw

Aap

aap

Flamingo

flamingo

Papagoi

papegaai

Iesboor

ijsbeer

Pinguin

pinguïn

Haifisch

haai

Pageluun

pauw

Slang

slang

Krokodil

krokodil

Oppasser in'n Deertenpark

dierenverzorger

Saalhund

zeehond

Jaguor

jaguar

Pony

pony

Leopard

luipaard

Nilpeerd

nijlpaard

Giraff

giraffe

Aadler

adelaar

Wildswien

wild zwijn

Fisch

vis

Schildkrööt

schildpad

Walross

walrus

Voss

vos

Gazell

gazelle

Amerikaansch Football
American football

Radfohren
wielrennen

Tennis
tennis

Korfball
basketbal

Swümmen
zwemmen

Boxen
boksen

Ieshockey
ijshockey

Football
voetbal

Fedderball
badminton

Leichtathletik
atletiek

Handball
handbal

Skilopen
skiën

Polo
polo

Aktivitäten
activiteiten

lachen
lachen
springen
springen
ümarmen
knuffelen
gahn
lopen
singen
zingen
drömen
dromen
beden
bidden
snuteln
kussen

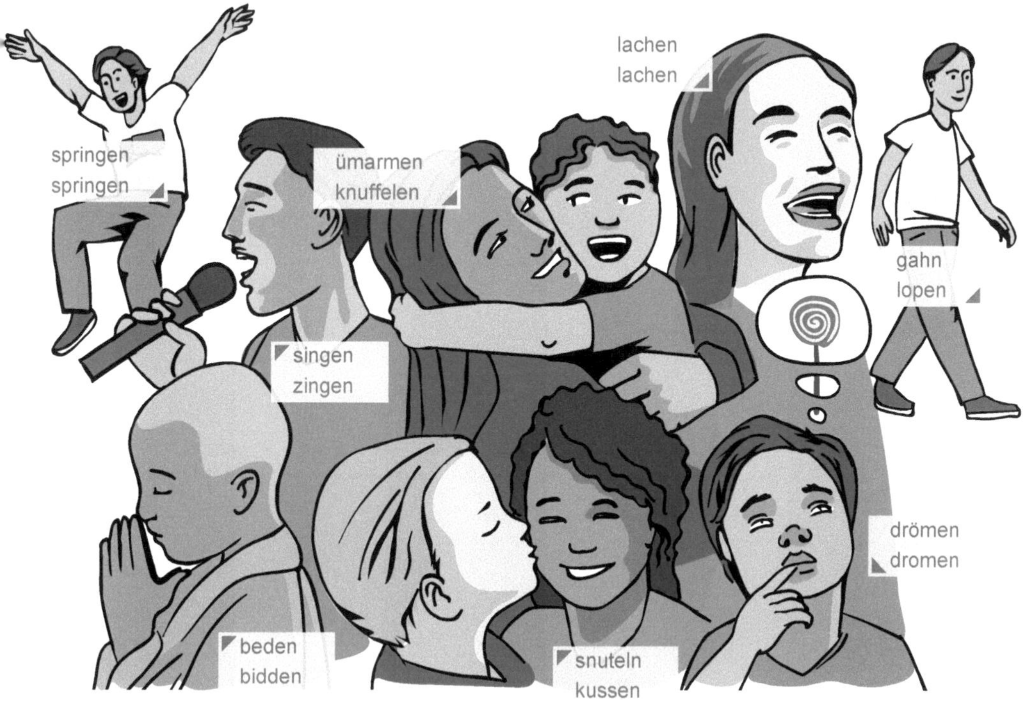

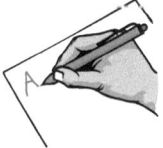

schrieven

schrijven

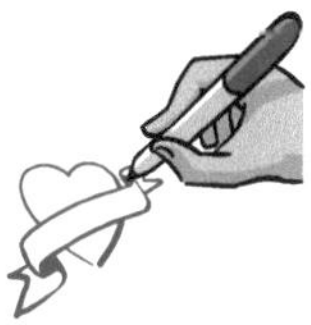

teken

tekenen

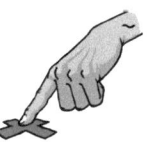

wiesen

tonen

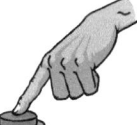

drücken

duwen

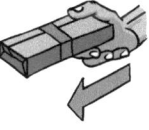

geven

geven

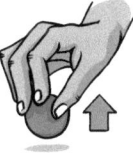

nehmen

oppakken

hebben
hebben

doon
doen

sien
zijn

stahn
staan

lopen
rennen

trecken
trekken

smieten
gooien

fallen
vallen

liggen
liggen

töven
wachten

dregen
dragen

sitten
zitten

antrecken
aankleden

slapen
slapen

opwaken
wakker worden

ankieken

bekijken

wenen

huilen

eien

strelen

kämmen

kammen

snacken

praten

verstahn

begrijpen

fragen

vragen

hören

horen

drinken

drinken

eten

eten

oprümen

opruimen

leefhebben

houden van

kaken

koken

fohren

rijden

flegen

vliegen

segeln
zeilen

reken
rekenen

lesen
lezen

lehren
leren

arbeiden
werken

de Plünnen tohoopsmieten
trouwen

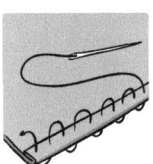

neihen
naaien

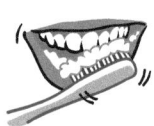

Tähnen putzen
tandenpoetsen

dootmaken
doden

smöken
roken

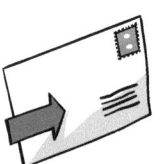

schicken
verzenden

Grootmoder
grootmoeder

Grootvadder
grootvader

Vadder
vader

Moder
moeder

Winnelkind
baby

Dochter
dochter

Söhn
zoon

Gast
gast

Tant
tante

Unkel
oom

Broder
broer

Süster
zus

Lief
lichaam

Vörkopp
voorhoofd
Oog
oog
Schuller
schouder
Finger
vinger
Gesicht
gezicht
Kinn
kin
Hand
hand
Been
been
Bost
borst
Arm
arm

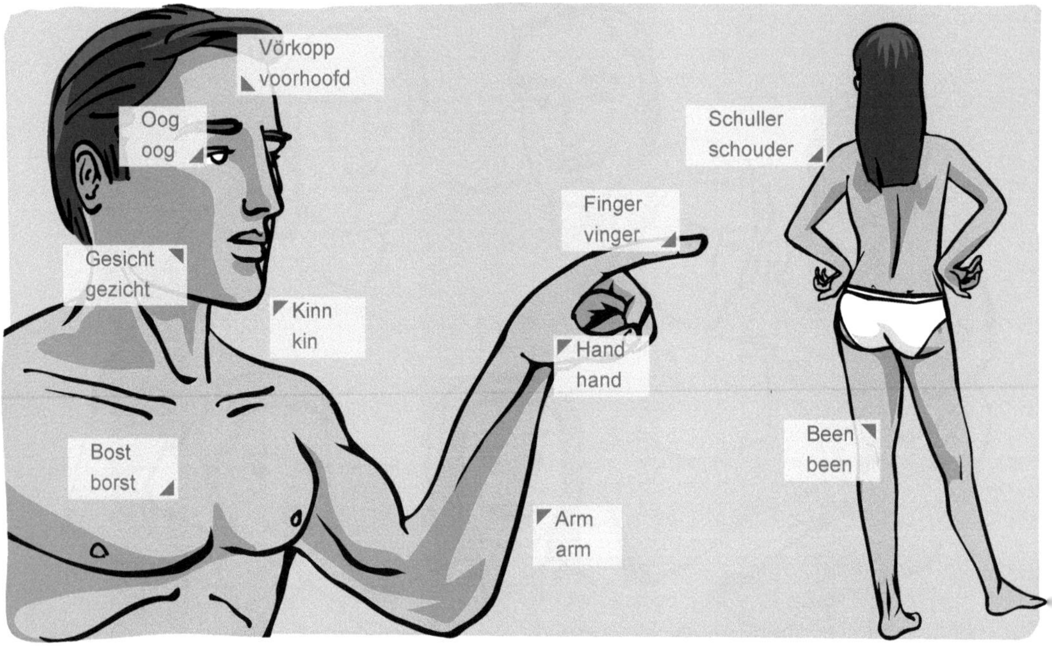

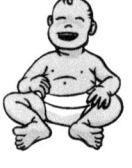

Winnelkind

baby

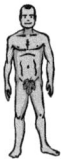

Mann

man

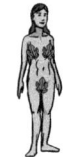

Fro

vrouw

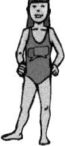

Deern

meisje

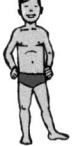

Jung

jongen

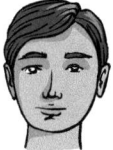

Arm

hoofd

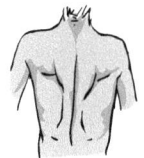

Rüch

rug

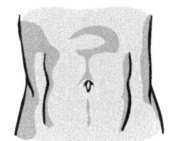

Buuk

buik

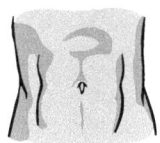

Navel

navel

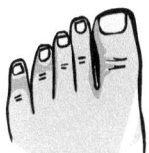

Teh

teen

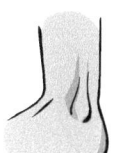

Hack

hiel

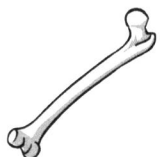

Knaken

bot

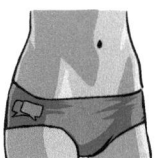

Hüft

heup

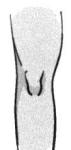

Knee

knie

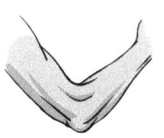

Ellbagen

elleboog

Nees

neus

Achtersen

achterwerk

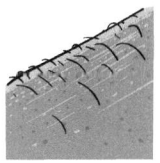

Huut

huid

Back

wang

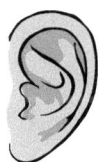

Ohr

oor

Lipp

lippen

Lief - lichaam

Mund

mond

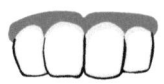

Tähn

tand

Tung

tong

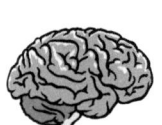

Bregen

hersenen

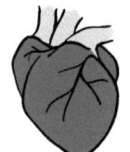

Hart

hart

Muskel

spier

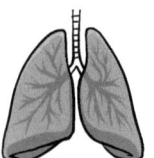

Lung

long

Lever

lever

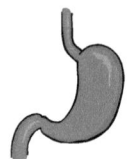

Maag

maag

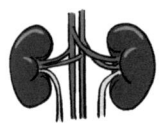

Neren

nieren

Bislaap

geslachtsgemeenschap

Kondoom

condoom

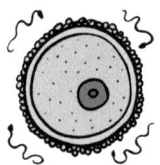

Eizell

eicel

Sperma

sperma

Anner Ümstänn

zwangerschap

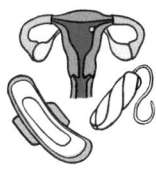

Menstruatschoon

menstruatie

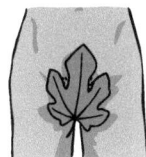

Scheed

vagina

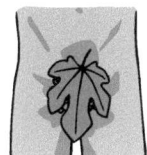

Pint

penis

Ogenbroe

wenkbrauw

Hoor

haar

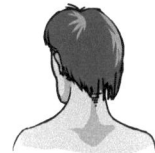

Hals

hals

Krankenhuus
ziekenhuis

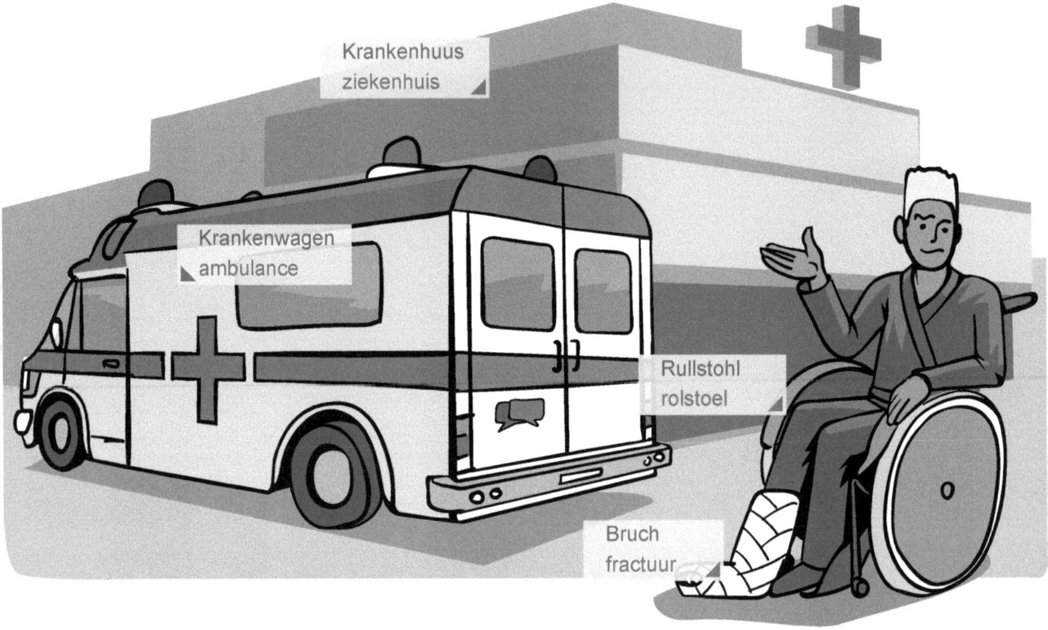

Krankenhuus
ziekenhuis
Krankenwagen
ambulance
Rullstohl
rolstoel
Bruch
fractuur

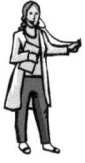

Dokter

dokter

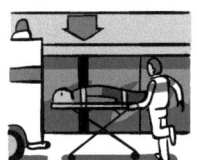

Nootopnahm

EHBO

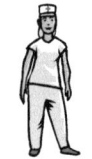

Krankensüster

verpleegster

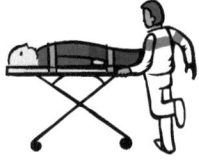

Nootfall

noodgeval

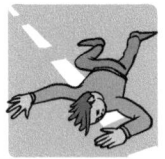

ahnmächtig

bewusteloos

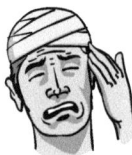

Wehdaag

pijn

Verwunnen

verwonding

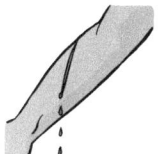

Blöden

bloeding

Hartinfarkt

hartaanval

Slaganfall

beroerte

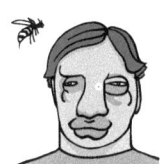

Allergie

allergie

Hoosten

hoest

Fever

koorts

Gripp

griep

Dörchfall

diarree

Koppwehdaag

hoofdpijn

Kreeft

kanker

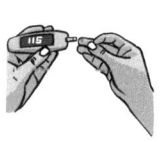

Zuckersüük

diabetes

Chirurg

chirurg

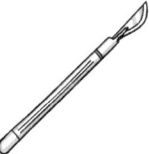

Chirurgsch Mess

scalpel

Operatschoon

operatie

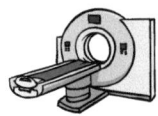

CT
CT

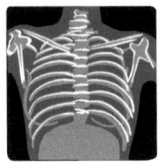

Dörchlüchten
röntgen

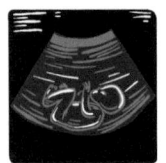

Ultraschall
echografie

Mask
gezichtsmasker

Krankheit
ziekte

Töövruum
wachtkamer

Krück
kruk

Plaaster
pleister

Verband
verband

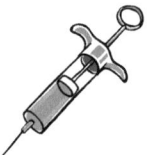

Insprütten
injectie

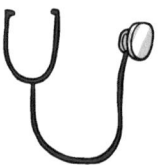

Stethoskop
stethoscoop

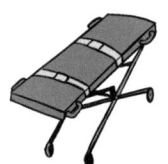

Draag
brancard

Feverthermometer
thermometer

Geboort
geboorte

Övergewicht
overgewicht

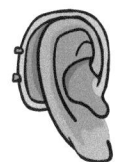

Höörapparat

gehoorapparaat

Kiemfriemiddel

ontsmettingsmiddel

Ansteken

infectie

Virus

virus

HIV / AIDS

HIV / AIDS

Heelmiddel

medicijn

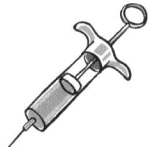

Impen

inenting

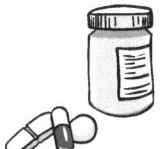

Tabletten

tabletten

Pill

pil

Nootroop

alarmnummer

Blootdruck-Meter

bloeddrukmeter

krank / gesund

ziek / gezond

Hölp!

Help!

Alarm

alarm

Överfall

overval

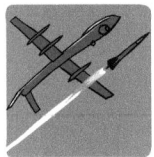

Angreep

aanval

Gefohr

gevaar

Nootutgang

nooduitgang

Füer!

Brand!

Füerlöscher

brandblusser

Unfall

ongeluk

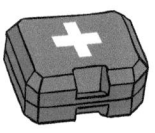

Noothölpkoffer

EHBO-koffer

SOS

SOS

Polizei

politie

Europa

Europa

Noordamerika

Noord-Amerika

Süüdamerika

Zuid-Amerika

Afrika

Afrika

Asien

Azië

Australien

Australië

Atlantik

Atlantische Oceaan

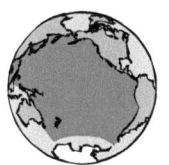

Pazifik

Stille Oceaan

Indisch Weltmeer

Indische Oceaan

Antarktisch Weltmeer

Zuidelijke Oceaan

Arktisch Weltmeer

Noordelijke IJszee

Noordpol

Noordpool

Süüdpol
Zuidpool

Antarktis
Antarctica

Eerd
aarde

Land
land

See
zee

Eiland
eiland

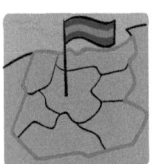

Natschoon
natie

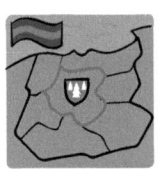

Staat
staat

Tallenblatt

wijzerplaat

Stunnenwieser

uurwijzer

Minutenwieser

minutenwijzer

Sekunnenwieser

secondewijzer

Wo laat is dat?

Hoe laat is het?

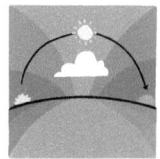

Dag

dag

Tiet

tijd

nu

nu

digetaalsch Klock

digitaal horloge

Minuut

minuut

Stunn

uur

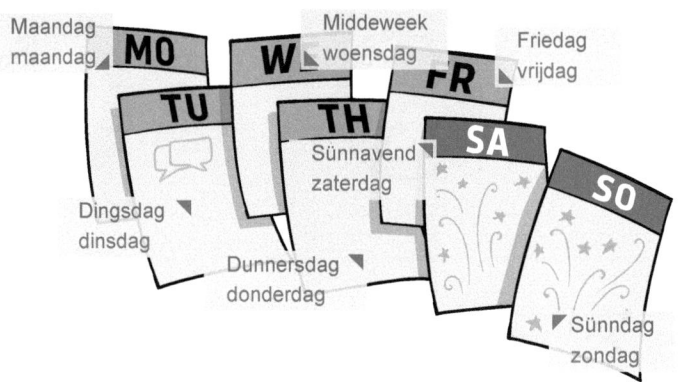

Maandag
maandag

Middeweek
woensdag

Friedag
vrijdag

Dingsdag
dinsdag

Sünnavend
zaterdag

Dunnersdag
donderdag

Sünndag
zondag

güstern

gisteren

hüüt

vandaag

morgen

morgen

Morgen

ochtend

Meddag

middag

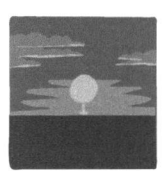

Avend

avond

MO	TU	WE	TH	FR	SA	SU
1	2	3	4	5	6	7
8	9	10	11	12	13	14
15	16	17	18	19	20	21
22	23	24	25	26	27	28
29	30	31	1	2	3	4

Arbeitsdaag

werkdagen

MO	TU	WE	TH	FR	SA	SU
1	2	3	4	5	6	7
8	9	10	11	12	13	14
15	16	17	18	19	20	21
22	23	24	25	26	27	28
29	30	31	1	2	3	4

Wekenenn

weekend

Regen
regen

Regenbagen
regenboog

Snee
sneeuw

Wind
wind

Fröhjohr
voorjaar

Harvst
herfst

Sommer
zomer

Winter
winter

4.APRIL	11°	☀
5.APRIL	4°	☁
6.APRIL	13°	⛅
7.APRIL	8°	❄
8.APRIL	10°	❄

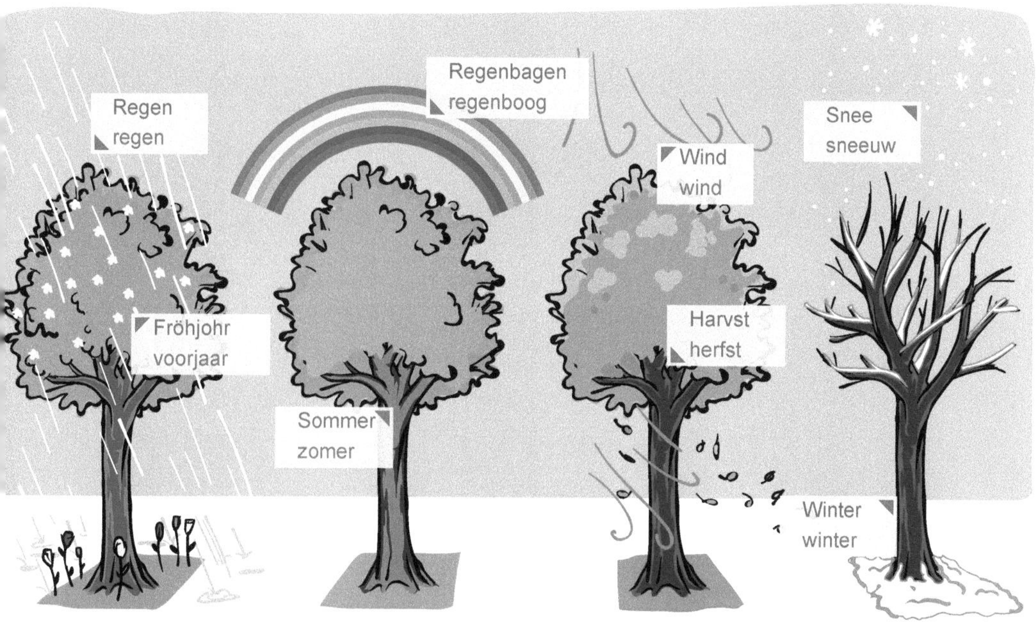

Wedervörhersaag

weerbericht

Thermometer

thermometer

Sünnenschien

zonneschijn

Wulk

wolk

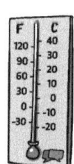

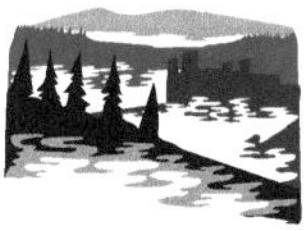

Nevel

mist

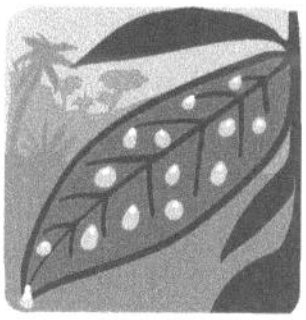

Luftfuchtigkeit

luchtvochtigheid

Blitz

bliksem

Dunner

donder

Storm

storm

Hagel

hagel

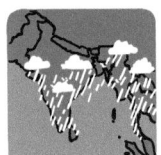

Monsun

moesson

Floot

overstroming

Ies

ijs

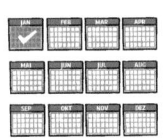

Januormaand

januari

Februormaand

februari

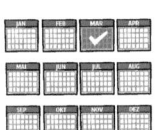

Martmaand

maart

Aprilmaand

april

Maimaand

mei

Junimaand

juni

Julimaand

juli

Augustmaand

augustus

Septembermaand

september

Oktobermaand

oktober

Novembermaand

november

Dezembermaand

december

Formen

vormen

Krink

cirkel

Quadrat

vierkant

Rechteck

rechthoek

Dreeeck

driehoek

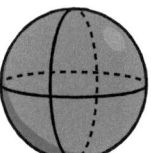

Kugel

bol

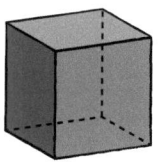

Wörpel

kubus

Farven
kleuren

witt
....
wit

geel
....
geel

orangsch
....
oranje

pink
....
roze

root
....
rood

lila
....
paars

blau
....
blauw

gröön
....
groen

bruun
....
bruin

gries
....
grijs

swart
....
zwart

veel / wenig
veel / weinig

böös / verdreeglich
boos / rustig

smuck / mies
mooi / lelijk

Begünn / Enn
begin / einde

groot / lütt
groot / klein

hell / düüster
licht / donker

Broder / Süster
broer / zus

schier / schietig
schoon / vies

kumpleet / nich kumpleet
volledig / onvolledig

Dag / Nacht
dag/ nacht

doot / lebennig
dood / levend

breet / small
breed / smal

geneetbor / nich geneetbor

eetbaar / oneetbaar

böös / fründlich

gemeen / aardig

fickerig / langwielt

opgewonden / verveeld

dick / dünn

dik / dun

toeerst / toletzt

eerste / laatste

Fründ / Fiend

vriend / vijand

vull / leddig

vol / leeg

hart / week

hard / zacht

swoor / licht

zwaar / licht

Smacht / Döst

honger / dorst

krank / gesund

ziek / gezond

nich na't Recht / na't Recht

illegaal / legaal

klook / dummerhaftig

intelligent / dom

linkerhand / rechterhand

links / rechts

neeg / feern

dichtbij / ver

nieg / bruukt

nieuw / gebruikt

nix / wat

niets / iets

oolt / jung

oud / jong

an / ut

aan / uit

apen / slaten

open / gesloten

lies / luut

zacht / luid

riek / arm

rijk / arm

richtig / verkehrt

goed / fout

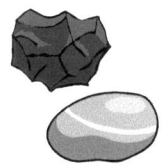

ruug / glatt

ruw / glad

trurig / glücklich

verdrietig / gelukkig

kort / lang

kort / lang

suutje / flink

langzaam / snel

natt / dröög

nat / droog

warm / köhl

warm / koel

Krieg / Freden

oorlog / vrede

0	**1**	**2**
null	een	twee
nul	één	twee

3	**4**	**5**
dree	veer	fief
drie	vier	vijf

6	**7**	**8**
söss	söven	acht
zes	zeven	acht

9	**10**	**11**
negen	teihn	ölven
negen	tien	elf

12

twölf

twaalf

13

dörteihn

dertien

14

veerteihn

veertien

15

föffteihn

vijftien

16

sössteihn

zestien

17

söventeihn

zeventien

18

achtteihn

achttien

19

negenteihn

negentien

20

twintig

twintig

100

hunnert

honderd

1.000

dusend

duizend

1.000.000

million

miljoen

Engelsch

Engels

Amerikaansch Engelsch

Amerikaans Engels

Chineesch Mandarin

Chinees Mandarijn

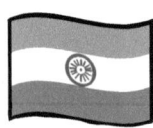

Hindi

Hindi

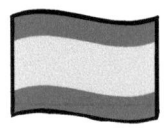

Spaansch

Spaans

Franzöösch

Frans

Araabsch

Arabisch

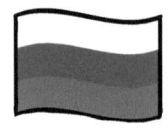

Rusch

Russisch

Portugiesch

Portugees

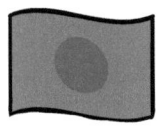

Bengaalsch

Bengalees

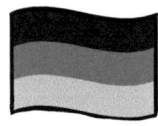

Düütsch

Duits

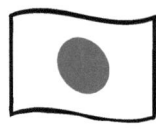

Japaansch

Japans

ik

ik

du

jij

he / se / dat

hij / zij / het

wi

wij

ji

jullie

se

zij

keen?

wie?

wat?

wat?

woanɛ?

hoe?

woneem?

waar?

wannehr?

wanneer?

Naam

naam

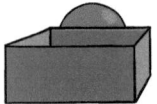

achter
....
achter

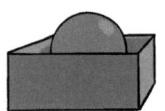

in
....
in

vör
....
voor

över
....
boven

op
....
op

ünner
....
onder

blangen
....
naast

twüschen
....
tussen

Oort
....
plaats